PAR L'AUTEURE DU BLOG

LA FIANCÉE DU PANDA

EVJF

Mode d'emploi

EYROLLES

Blogueuse mariage depuis 2010 sur *La Fiancée du Panda*, je suis tombée dans la marmite non pas quand j'étais petite, mais quand j'ai commencé à préparer mon propre mariage et que j'ai découvert le monde merveilleux des *weddings blogs* américains, leurs cérémonies en plein air et leur déco personnalisée dans les moindres détails. Cinq ans plus tard, je continue à bloguer avec le même plaisir, tant c'est un univers riche, à la croisée des chemins de la mode, de la photo, de la vidéo, de la déco, de la beauté… *La Fiancée du Panda* est un blog dédié aux belles inspirations, qui parle aux futurs mariés, mais pas que. J'aime y partager mes dernières découvertes, que ce soit un petit créateur qui fait du *made in France* ou qu'il s'agisse d'une astuce pour obtenir le maximum d'effet avec un minimum de budget.

Parmi les nombreux mails que je reçois de la part de mes lectrices, je suis régulièrement sollicitée par des témoins attentionnés, qui ont à cœur d'organiser un EVJF (ou enterrement de vie de jeune fille) du tonnerre pour leur amie, mais qui ne savent pas forcément par où commencer. L'idée de ce livre a germé comme cela. Et puis, j'ai moi-même eu l'occasion de participer à l'organisation de plusieurs enterrements de vie de jeune fille, et je me suis dit qu'il y avait quelque chose à faire. Car organiser un enterrement de vie de jeune fille, c'est un peu comme organiser un mariage : en théorie, cela ne devrait être QUE du bonheur. Oui, mais… la vie s'en mêle, et on sait que les choses sont rarement aussi simples, surtout à plusieurs. Et pourtant, organiser un EVJF dans la joie et la bonne humeur, c'est possible. Ce livre est là pour vous y aider.

Ça y est, c'est votre tour : non, pas de vous faire passer la bague au doigt (c'est peut-être déjà fait), mais d'être désignée volontaire pour organiser l'enterrement de vie de jeune fille de l'une de vos copines. Marie, l'une de vos plus proches amies, a décidé de convoler enfin en justes noces avec Alfonso, le meilleur souvenir qu'elle ait ramené de son année Erasmus au Pérou. Elle vous a alors demandé d'être son témoin et, dans une grande effusion de larmes d'émotion et de petits cris hystériques (ou pas : être Jennifer Aniston n'est pas donné à tout le monde), vous avez dit « oui ». Le pliage de cocottes en origami pendant les longues soirées d'hiver, le conseil de crise lorsque belle-maman décide de ramener l'intégralité de sa famille étendue d'Amérique latine pour les noces de son fiston d'amour et les essayages de robe avec des larmes d'émotion devant *THE one*… vous avez révisé vos classiques et revu l'intégrale de la filmographie de Jennifer Aniston. Bref, vous êtes parée. Reste un tout petit détail : l'enterrement de vie de jeune fille – EVJF de son petit nom – de Marie, c'est à vous qu'il incombe de l'organiser. Oups…

Avant de nous attaquer au cœur du problème, faisons un petit rappel historique. Sachez tout d'abord que vous vous en tirez bien : autrefois, les témoins avaient un rôle bien moins pacifique, puisqu'ils étaient chargés de défendre la mariée en cas de tentative d'enlèvement, avant que celle-ci n'arrive à l'autel. Ils ou elles avaient également pour fonction de garantir que c'était bien la bonne mariée sous ce voile, car, dans de nombreux cas, le futur marié ne l'avait jamais rencontrée – je vous parle d'un temps que les moins de 120 ans ne peuvent pas connaître. À côté de ça, tapoter la main de la future mariée qui s'est évanouie – lorsqu'on lui a annoncé le prix d'un voile dans la boutique de robes de mariée (ça fait toujours ça la première fois) –, rédiger un petit discours bien senti et organiser un week-end sympa entre copines, cela devrait être du gâteau.

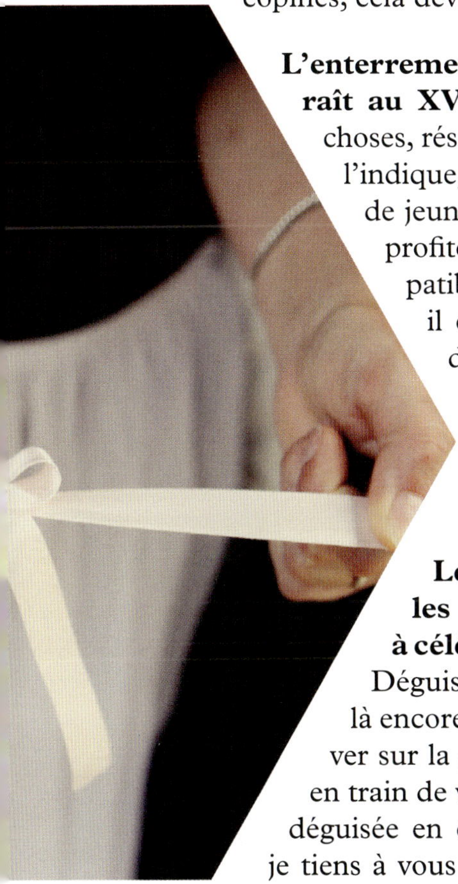

L'enterrement de vie de célibataire, lui, apparaît au XVIIIe siècle. Il était, comme bien des choses, réservé à ces messieurs. Comme son nom l'indique, il avait pour but « d'enterrer » la vie de jeune homme du futur marié, en le faisant profiter une dernière fois des plaisirs incompatibles avec les liens conjugaux. En bref, il consistait principalement à fréquenter des dames de petite vertu, lors d'une soirée qui terminait dans un état d'ébriété avancée... Quiconque a vu le film *Very Bad Trip* attestera que les choses n'ont finalement que peu changé.

Les femmes, elles, doivent attendre les années 1970 pour commencer à célébrer, elles aussi, ce rite de passage. Déguisements, gages et blagues grivoises sont là encore de la partie... Si l'idée de vous retrouver sur la grand-place avec votre meilleure amie en train de vendre des préservatifs à des inconnus, déguisée en cochon rose géant, ne vous plaît pas, je tiens à vous rassurer tout de suite : les temps ont bien changé. Aujourd'hui, l'enterrement de vie de jeune fille est avant tout un bon moment à partager entre copines, centré autour des goûts de la future mariée et destiné à lui faire plaisir. Rien d'insurmontable, n'est-ce pas ? Surtout depuis que vous avez ce livre entre les mains !

SOMMAIRE

1 OÙKANKOMEN ?

2 ALLÔ HOUSTON, ON A UN PROBLÈME

3

ÉCLATEZ-VOUS !

4

IDÉES INSPIRÉES POUR EVJF STYLÉS

1. OÙ-KAN-KOMEN ?

Sous prétexte que c'est vous qui organisez toutes les soirées de la bande, vous avez été désignée pour piloter l'organisation de l'enterrement de vie de jeune de fille de Marie. Seulement voilà, vous n'avez pas la moindre idée de la manière dont il faut attaquer le problème. Pas de panique : on est là pour vous guider. Voici les étapes pas à pas pour organiser un week-end de folie/une soirée mémorable (rayez la mention inutile).

LA LISTE DES HEUREUSES ÉLUES

Plus encore que les activités ou le programme de la journée, ce qui rendra la journée véritablement inoubliable pour la future mariée, ce sont les copines avec qui elle va partager ces moments. Voici mes conseils pour soigneusement choisir les membres de la *dream team* !

L**a première étape :** élaborer la liste des invitées à cette journée magique. Pour cela, deux stratégies s'offrent à vous. La première consiste tout simplement à demander à la mariée. Certes, cela gâte un peu l'effet de surprise, mais vous éviterez d'oublier d'inviter Johanna et Aline, les deux collègues dont vous ignoriez qu'elles étaient aussi proches. À l'inverse, cela peut également vous éviter de commettre des impairs dans l'autre sens : elle adore ses belles-sœurs, mais se sentirait plus à l'aise si vous n'étiez qu'entre amies de longue date. Accessoirement, c'est aussi plus facile de récupérer les adresses mails de chacune des intéressées en les collectant à la source.

La deuxième option consiste au contraire à élaborer la liste vous-même, gardant ainsi un effet de surprise total. Succès garanti, si vous parvenez à faire venir cette copine qu'elle adore, mais qui vit à 500 km de chez vous ! Si vous connaissez votre future mariée sur le bout des doigts, cela peut être une façon de garder le suspense jusqu'au bout. Mais il vaut mieux tout de même prendre le temps de la sonder discrètement, car, après tout, c'est sa journée : **le but est de lui faire plaisir.**

Une fois que vous avez déterminé la précieuse liste, le plus simple est encore d'envoyer un mail à tout le monde pour nouer le contact et lancer l'organisation de la journée.

Ne vous y prenez pas trop tard pour contacter tout ce petit monde. Vous verrez, fixer une simple date peut se révéler compliqué : c'est le moment de penser au rétroplanning.

LE NOMBRE D'OR

Combien de personnes prévoir à un enterrement de vie de jeune fille ? Même s'il n'y a pas de règle préétablie en la matière, un peu de bon sens s'impose. À moins de trois personnes, le risque est que cela paraisse un peu « tristoune » – il faudra en tout cas adapter le programme, en ciblant des activités qui se prêtent bien à une ambiance plutôt intime. Inversement, au-delà de dix personnes, l'inertie de groupe joue fortement et il vous faudra prévoir le double de temps pour toutes les étapes de la journée. De manière générale, un groupe de six ou sept copines représente un bon équilibre.

LE RÉTROPLANNING

L’équipe est constituée, il est temps de vous attaquer à l’organisation de la journée. La première question qui se pose est celle de la date : quand doit-on prévoir un EVJF ? Combien de temps faut-il pour l’organiser ? La mariée doit-elle connaître la date ou faut-il garder la surprise ?

Concernant la date, évitez de vous la jouer *Very Bad Trip* et de prévoir les réjouissances la veille du mariage. Ce serait dommage de perdre la mariée en route, qu'elle n'arrive pas à se réveiller le jour J et qu'elle vous en veuille pour le restant de ses jours, parce qu'elle est arrivée le teint verdâtre et les cernes jusqu'aux oreilles le jour de ses épousailles. Jouez plutôt la sécurité en le prévoyant 3 semaines, voire 1 mois avant son mariage, ce qui lui laissera largement le temps de s'en remettre. Vous pouvez aussi le faire plus tôt, mais cela perd un peu de son charme. L'idée est plus précisément de lui offrir une pause pendant la dernière ligne droite de ses préparatifs, ce moment où elle est tellement stressée que la simple expression « plan de table » provoque chez elle une éruption cutanée.

Reste ensuite à trouver une date qui convienne à tout le monde. Encore une fois, ne vous y prenez pas trop tard : caler une journée ou un week-end commun dans nos agendas modernes peut se révéler une opération d'une complexité digne de l'organisation d'un G8. Entamer les discussions 4 à 6 mois avant la période visée n'est pas déraisonnable, loin de là.

LES BONS OUTILS

Doodle, le site magique pour trouver une date : quiconque a déjà essayé de fixer une date avec plus de trois personnes sait combien cela peut s'avérer compliqué. Pour éviter de polluer votre boîte mail avec une centaine de mails, il existe un petit site magique, qui s'appelle doodle.com. Il permet à chacun de renseigner ses disponibilités sur les dates envisagées et de déterminer ainsi laquelle convient à tout le monde.

LE BUDGET

Vous avez la liste et vous avez la date : cette affaire s'annonce bien, et vous êtes au taquet pour l'organisation ! Minute papillon, reste un dernier détail, mais il est de taille : le budget.

E**h oui, personne n'aime parler de sous,** mais je vous promets qu'il vaut mieux prendre les devants sur le sujet, pour éviter de se retrouver dans des situations épineuses. La première raison, c'est que tout le monde n'a pas les mêmes moyens. Entre Nora, trader à la World Corporation et qui gagne le PIB du Bhoutan tous les mois, et votre copine Aline, intermittente du spectacle qui a monté sa propre compagnie de théâtre de rue, il y a fort à parier que la même somme n'est pas vue de la même façon. Ensuite, les dépenses s'alignent vite et, si vous ne vous fixez pas de budget, vous risquez fort de déraper… Mieux vaut donc se donner un montant maximal par tête, à ne pas dépasser.

Pour vous donner quelques repères, pour un enterrement de vie de jeune fille se déroulant sur un week-end entier, la somme peut aller d'une cinquantaine à plusieurs centaines d'euros. Moins, c'est toujours possible, mais cela limite fortement les activités payantes, car il faudra compter les courses pour nourrir tout ce petit monde, et l'éventuel logement. D'après mon expérience – mais cela n'a rien de scientifique –, la moyenne tourne aujourd'hui plutôt autour de 100 euros. Cela s'adapte bien sûr en fonction des moyens des participantes : si vous êtes encore toutes étudiantes, cela représente une grosse somme; si vous avez toutes des jobs de cadres supérieurs, vous pouvez vous permettre d'aller au-delà. Ne visez pas trop haut non plus : rappelez-vous qu'il faudra également débourser des frais pour vous rendre au mariage, offrir un joli cadeau, éventuellement acheter une robe…

Pour déterminer le budget par tête, mon meilleur conseil est tout simplement de poser la question aux participantes avant d'attaquer l'organisation : quelle est la somme qu'elles ne souhaitent pas dépasser ? Vous êtes ainsi sûre que vous n'exclurez personne et qu'il n'y aura pas de ressentiment.

LES BONS OUTILS

Les bons comptes font les bons amis

Enfin, pour calculer la répartition des dépenses, on détourne les applis mobiles et sites destinés aux colocs : il n'y a plus qu'à rentrer la somme totale des dépenses, le nom et le nombre de participants, l'argent déjà avancé pour certains… Et, pouf, l'application calcule toute seule combien chacun doit régler. Magique, non ?

Les applis et sites qui font tout le boulot : FacilADD, Tricount, Ze coloc, Les bons comptes entre amis, Debal.

Il m’est déjà arrivé de devoir débourser une somme bien trop importante pour mon porte-monnaie lors d’un EVJF, et, même si je n’ai rien dit, j’étais gênée et cela a un peu gâché mon plaisir du week-end.

Gardez également en tête que la mariée ne paye rien. Il vous faudra donc répartir les dépenses entre toutes les participantes. Par défaut, la répartition doit se faire de manière équitable, de façon à ce que chacune paye la même somme – sauf si certaines participantes proposent spontanément de prendre des frais ou des activités supplémentaires à leur charge. Si une ou plusieurs des convives viennent de loin, il faudra inclure

le prix de leur billet de train dans le calcul : il serait injuste qu'elles prennent cette dépense supplémentaire entièrement à leur charge.

Une fois les questions du budget maximal à ne pas dépasser et de la répartition des dépenses réglées, vous allez devoir gérer la trésorerie. Si la simple vue d'un relevé de compte suffit à vous plonger dans des affres monétaires, ne vous surestimez pas et passez la main à la matheuse du groupe.

Pour éviter qu'une seule et même personne avance l'argent – et mette 6 mois à se faire rembourser –, les outils de cagnotte en ligne, comme Leetchi.com, sont idéaux. Moyennant une petite commission, ils permettent à chacune de contribuer directement en payant par carte bleue sur le site. Cela simplifie considérablement les transactions : il n'y a plus qu'à mandater l'une d'entre vous pour récupérer l'argent par virement bancaire sur son compte, puis pour régler directement les différentes dépenses.

Pour les suivre, rien ne vaut le bon vieux tableau Excel, à remplir au fur et à mesure pour ne pas perdre le fil. Il permet également d'établir un budget prévisionnel et de faire des ajustements, le cas échéant. Par exemple : c'est ok pour le char à voile, mais on zappe la crêperie le samedi soir au profit d'une soirée burgers maison.

Vous avez un tout petit budget, et les sommes énoncées ci-dessus vous donnent des sueurs froides ? Pas de panique, l'enterrement de vie de jeune fille n'est pas forcément synonyme de grosse dépense ! Il est tout à fait possible d'organiser une journée ou un week-end mémorable pour votre amie sans vous ruiner. Pour cela, traquez les bons plans dans votre ville : les écoles d'esthétique, de massage ou de manucure, qui proposent des prix défiant toute concurrence pour permettre à leurs élèves de s'entraîner ; le nouveau restaurant, qui vient d'ouvrir en ville et serait ravi de vous faire une ristourne contre quelques avis laissés sur les réseaux sociaux (les premiers sont toujours les plus difficiles à obtenir) ; le hammam, qui offre un tarif spécial si vous venez le mercredi… Abonnez-vous aux newsletters de bons plans, guettez les journaux locaux et gardez l'œil et l'oreille ouverts. Bref, soyez aux aguets et n'hésitez surtout pas à demander ! Parfois, c'est fou ce qu'un grand sourire et une demande formulée simplement (et poliment) peuvent obtenir… Sinon, rien de tel qu'un week-end entre filles à la campagne, avec feu de cheminée et bon repas, pour passer un bon moment. Côté activités, misez sur les quiz et autres défis sur mesure, en vous inspirant de la personnalité de la mariée, et n'hésitez pas à recourir aux bons vieux jeux de notre enfance : de la partie de Monopoly (avec triche, bien sûr, sinon ce n'est pas drôle !) à la course en sac dans le jardin, il y a de quoi se fabriquer des souvenirs mémorables et une ou deux « photo dossier ».

L'idéal, bien sûr, est d'investir la maison de campagne de l'une d'entre vous pour le week-end. Mais si personne n'a cela en réserve, un petit tour sur Gîtes de France® (www.gites-de-france.com/) ou Airbnb (www.airbnb.com) devrait vous permettre de trouver le mas plein de charme ou la fermette normande de vos rêves à un prix raisonnable. Dans les deux cas, laissez les lieux dans un état impeccable, quitte à vous offrir les services de la femme de ménage pour ne pas avoir à assurer le nettoyage après une nuit (hum !) courte.

LA COORDINATION

La liste, le planning et le budget : tout y est, il est temps de commencer la partie fun, en s'attaquant à l'organisation. Pleine d'enthousiasme, vous avez lancé un mail joyeux pour inviter chacune à donner ses propositions. Cent soixante mails et une boîte au bord de l'implosion plus tard, vous n'avez pas avancé d'un iota dans l'organisation de la journée, mais vous avez des idées qui partent dans tous les sens, et désormais un conflit à gérer entre la « *team* raclette » et la « *team* sushi ». Ok, reprenons les choses au début…

Tout d'abord, avant de vous attaquer bille en tête à l'organisation de ce merveilleux moment, prenez un petit instant pour analyser la situation. Combien de personnes êtes-vous ? Toutes les filles se connaissent-elles ? Sont-elles toutes des amies de longue date de la future mariée ? **Selon la configuration du groupe de participantes, la stratégie à mener n'est pas forcément la même.**

Si vous êtes une petite bande, où tout le monde se connaît depuis le lycée, cela devrait faciliter les choses. Mais, si vous constituez un groupe hétérogène, si peu de gens se connaissent ou si vous êtes plus de 6 ou 7, il y a un risque que l'organisation vire vite à la pagaille généralisée, avec des idées qui fusent dans tous les sens. Ou, à l'inverse, seules une ou deux personnes s'impliquent réellement, pendant que le reste du troupeau suit mollement, pour finir par râler le jour J, parce que le programme n'est pas à leur goût. Oui, je force un peu le trait, mais c'est plus fréquent qu'on ne le croit !

Pour éviter ces écueils, il va vous falloir mettre en œuvre vos qualités de manager – et, si vous n'en avez pas, pas de panique, ce livre est là pour ça. Pour commencer, estimez le potentiel de votre équipe : Perrine a toujours des idées créatives, mais un sens de la logistique proche de zéro ; Sarah est la reine des chiffres, mais déteste prendre des décisions ; Marie adore les activités à risques, mais s'ennuie dès qu'elle reste plus de 10 minutes dans une pièce… On va se concentrer sur le positif : **dressez une petite liste des qualités et des points forts de chacune et gardez-la précieusement, elle va vous servir par la suite.**

Ensuite, évaluez la dynamique de groupe de votre *team* : les filles se connaissent-elles bien ? S'apprécient-elles ? Partagent-elles les mêmes affinités ? Si vous avez un petit groupe très homogène et bien soudé, vous pouvez lancer la phase brainstorming sans trop de crainte : les choix devraient s'orienter naturellement. En bon manager, n'hésitez pas à renvoyer régulièrement des mails « points d'étape », en récapitulant les propositions retenues et les choix à faire.

En revanche, si vous êtes le manager malgré vous d'un groupe très large ou si chacune se connaît peu, il va falloir ruser. Pour faciliter la prise de décision, il vaut peut-être mieux constituer un petit groupe d'expertes – une *task force*, en langage de manager – pour poser les bases de la journée avant d'impliquer tout le monde (sauf pour le choix de la date, bien entendu, qui doit être collectif, voir p. 16). Vos expertes, ce sont bien sûr celles qui connaissent le mieux la future mariée et sont à même de savoir ce qu'elle appréciera. **Rappelons-le : l'objectif n° 1 est de lui faire plaisir.** Une fois les principaux choix arrêtés – comme le lieu, le style de week-end et le tempo –, vous pourrez faire impliquer le reste de la troupe, en appelant chacune à arbitrer parmi les options que vous aurez retenues : canoë-kayak, catamaran ou char à voile ? Crêpes, burger ou dîner Top Chef ? C'est une façon efficace d'impliquer tout le monde, tout en évitant de se disperser dans toutes les directions. D'ailleurs, les autres sont souvent bien soulagées que vous ayez fait le travail de « déblayage » à leur place…

Un bon manager sait également que la réussite d'une opération dépend grandement de la cohésion du groupe et de cette fameuse dynamique qui se crée dès que l'on réunit plus de deux personnes. Pour mettre toutes les chances de votre côté, n'hésitez pas à piquer les techniques des grandes boîtes américaines, en organisant une soirée de *team building* (avec l'option mojitos en plus !). Sous le prétexte – bien valable – de préparer la journée ou le week-end de votre mariée chérie, cela permettra aux filles de faire connaissance et de ne pas se regarder en chiens de faïence le jour de l'EVJF. Oui, c'est un peu d'organisation, et vous avez déjà une vie sociale bien remplie. Mais vous verrez, ça change tout, non seulement pour vous, mais aussi pour la *bride-to-be*, qui sera touchée de voir ses amies toutes réunies en bonne entente autour d'elle – la future mariée a généralement une petite tendance à la larmichette d'émotion : ça vaut bien quelques citrons verts et feuilles de menthe pilées !

LES BONS OUTILS

Vous avez déjà un fichier Excel, avec trois hypothèses et un plan de dépenses savamment calculé. Vous détenez aussi une fiche sur chacune des *bridesmaids* et un rétroplanning à l'heure près ? Bravo ! Pour passer au niveau supérieur, on vous donne le secret : Asana, une appli gratuite (sur Android et iPhone), qui permet de gérer une équipe en assignant des tâches à chacune, *deadline* incluse, et de garder un œil sur l'ensemble. Reste le plus dur : convaincre les autres de s'y mettre… À défaut, vous pourrez toujours frimer à la prochaine réunion marketing au boulot !

LE TIMING DE LA JOURNÉE

La première chose à savoir, lorsque vous allez prévoir le planning de l'enterrement de vie de jeune fille, c'est qu'il y a très peu de chances que vous le respectiez… Autant mettre toutes les chances de votre côté en élaborant un emploi du temps « réaliste », c'est-à-dire en tenant compte des contraintes physiques (temps de déplacement, imprévus…) et du facteur humain (la fameuse inertie de groupe). Intégrez ces paramètres dès le départ dans vos estimations.

La première raison, c'est que l'on a toujours tendance à sous-estimer le temps nécessaire à chaque étape de la journée. C'est humain, nous sommes tous pareils : il est très difficile d'évaluer correctement le temps que nous allons passer à faire quelque chose, et, en général, on le minimise volontiers. N'hésitez donc pas à rassembler un maximum d'informations précises sur vos temps de déplacement, en vous aidant des technologies modernes (vive l'Internet mondial !) : des applis, comme Google Maps ou Waze, permettent de calculer les temps de parcours en voiture, à pied ou en transport, avec une précision raisonnable. N'oubliez pas de tenir compte des conditions particulières, du type départ en

vacances ou heure de pointe sur le périph'. Pour chaque activité, demandez précisément à l'organisateur combien de temps il faut prévoir, et ajoutez systématiquement 15 minutes au début et à la fin. Car l'arrivée et le départ prennent toujours un certain temps.

Le deuxième facteur, bien sûr, c'est cette loi scientifique communément appelée « inertie de groupe », qui décrit le ralentissement inéluctable du déplacement de tout rassemblement de plus de trois personnes (vous avez déjà vu une manif au galop, vous ? Non ? Eh bien voilà !). Entre celle qui est en retard parce qu'elle a raté la station de métro, celle qui a oublié son téléphone, celle qui met 3 heures à se rhabiller et à se remaquiller et celle qui draguerait bien le prof de pole dance (oui, il y a aussi des célibataires aux enterrements de vie de jeune fille !), vous pouvez allègrement doubler le temps que vous aviez prévu pour chaque activité. Cela vous paraît excessif ? Pensez à la dernière fois que vous avez voulu bouger avec une bande de potes... **Évitez donc de multiplier les activités, surtout si elles sont éloignées les unes des autres : deux ou trois suffisent largement à occuper la journée.**

Une fois que vous avez pris ces deux paramètres en compte, reste la question du bon rythme. Ne le choisissez pas trop intense, car il doit comporter des activités savamment réparties pour ponctuer la journée, l'idéal étant d'alterner temps forts et moments plus posés. Tout est dans l'équilibre : si vous prévoyez un programme marathon, tout le monde sera sur les rotules à 15 heures et la soirée risque d'être moyenne niveau ambiance. À l'inverse, évitez de céder à la tentation du « on verra sur place » ou de la journée improvisée : cela donne rarement de bons résultats à plusieurs, sans compter le risque de trouver porte close dans les lieux visés, si vous n'aviez pas réservé au préalable.

La bonne formule, c'est un mix entre des moments actifs (un cours de cuisine, une séance photo, un parcours accrobranche...) et des temps de socialisation (les repas, un *tea time* dans un joli salon de thé, une pause dans un parc au soleil...), qui auront l'avantage de permettre aux filles qui ne se connaissent pas de sympathiser. Si le groupe est très hétérogène et que vous redoutez les longs silences, n'hésitez pas à demander aux participantes de prévoir seules ou en binôme des jeux, quiz ou défis pour la future mariée. C'est une bonne façon de faire passer le temps, qui ne coûte pas cher et s'avère en général un excellent moyen de briser la glace. Pour avoir une idée du bon rythme, rendez-vous à Une journée (presque) parfaite, page suivante.

Enfin, voici un dernier point que nous n'avons pas abordé : sur combien de temps doit se dérouler un enterrement de vie de jeune fille ? Si, traditionnellement, il s'agissait plutôt d'une soirée, la tendance aujourd'hui est plutôt à l'organiser sur un week-end entier. L'avantage, c'est que cela laisse vraiment le temps à la future mariée de profiter de ce moment entre copines et que celles qui viennent de loin n'ont pas à faire le déplacement juste pour une soirée. En revanche, gardez en tête que cela implique généralement un budget plus important, sans compter qu'il peut être compliqué, pour certaines, de se libérer sur tout un week-end – les jeunes mamans, par exemple, n'auront peut-être pas la possibilité, ni l'envie de laisser leur bout de chou les deux seuls jours de la semaine où elles peuvent en profiter vraiment. Mon conseil : sans aller jusqu'à proposer un programme à la carte – qui serait impossible à gérer –, soyez ouverte aux contraintes de chacune et n'hésitez pas à proposer une étape en option, comme le brunch du dimanche midi par exemple.

UNE JOURNÉE (PRESQUE) PARFAITE

Voici un déroulé-type qui pourra vous servir de point de départ pour vous aiguiller dans l'organisation de la journée. Gardez en tête qu'il ne s'agit pas d'une organisation militaire et que le but est avant tout de passer une bonne journée : restez cool face aux (inévitables) imprévus.

10 h : rendez-vous pas trop tôt, pour celles qui ne sont pas du matin… On prévoit thé, café et croissants pour achever de réveiller les troupes !

11 h : c'est le moment de se dépenser un peu avant le déjeuner. Casez sur ce créneau une activité sportive ou qui implique de se bouger : cours de danse Bollywood, balade à vélo, jeu de piste dans la ville, promenade en forêt… de quoi bien se dépenser avant le déjeuner et favoriser la cohésion de groupe.

13 h : pause déjeuner ! Pensez évidemment à réserver si vous allez au restaurant, et prévoyez 2 bonnes heures pour profiter de la terrasse au soleil.

15 h : c'est reparti ! C'est le moment du petit coup de mou de l'après-midi. Alors, on propose une activité manuelle, idéale pour digérer tranquillement : stage d'origami, cours de cuisine, atelier *DIY*… On papote, on rigole, et ça détend d'avoir les mains occupées.

18 h : avant d'enchaîner sur la soirée, faites une pause chez l'une d'entre vous, histoire de pouvoir se rafraîchir un peu et de se changer, si vous avez prévu de sortir. C'est le moment idéal pour caser quiz et petits jeux, prévus à l'attention de la future mariée, ou pour vous offrir un break girly, avec manucure, coiffure et relooking général.

20 h : là, c'est à vous de voir en fonction de votre budget, de vos envies… et de l'état des troupes. Dîner au restaurant et sortie en boîte peuvent être cool, si l'enthousiasme est à son comble. Mais si vous sentez une flemme généralisée, pourquoi ne pas opter pour une soirée pyjama (oui, oui, comme quand on avait 14 ans !), avec visionnage de *Dirty Dancing*, épluchage de magazines people et grandes conversations sur la-vie-la-mort-l'amour ? Oui, c'est cliché, mais c'est tellement bon…

2.

ALLÔ HOUSTON, ON A UN PROBLÈME

Niveau organisation, vous êtes calée : le budget est calculé au centime près et chacune des participantes a reçu une fiche détaillée, avec toutes les infos pratiques de la journée et la liste de ses missions. Seulement voilà, au moment où vous commencez à attendre de vos amies qu'elles dressent un autel à la gloire de votre sens de l'organisation, ça coince : unetelle se met à râler sur le coût total (qu'elle avait pourtant approuvé), l'autre décrète qu'elle ne prendra pas part à la moitié des activités, la troisième annonce qu'elle fait une allergie au gluten et qu'il faut donc que tous les repas soient sans gluten… Votre patience, qui, jusque là, était restée digne d'un dalaï-lama de l'EVJF, commence à être sérieusement mise à l'épreuve.

Tout d'abord, sachez que l'auteure de ces lignes, qui est passée plusieurs fois par là, compatit à votre peine. Car, sous les dehors apparents d'une innocente réunion festive entre amis, ce sont des enjeux bien plus complexes qui se trament parfois autour d'un enterrement de vie de jeune fille. Comme pour le mariage, c'est un événement qui cristallise beaucoup de non-dits, d'enjeux affectifs et même de relations de pouvoir. Est-ce que je suis autant son amie que cette autre copine ? Pourquoi n'ai-je pas été choisie comme témoin, alors qu'on se connaît depuis plus longtemps ? Pourquoi devrais-je débourser 150 euros pour son EVJF, alors qu'elle n'est même pas venue à mon mariage ? Et pourquoi c'est elle qui se marie et pas moi ? Autant de questions et de ressentis non formulés, qui peuvent sérieusement encombrer l'air ambiant… Car, comme tout événement marquant une étape importante de notre vie sociale, l'enterrement de vie de jeune fille nous renvoie à la fois à nos propres interrogations ou angoisses et à la qualité de notre relation avec la future mariée. Il n'est d'ailleurs pas rare que les amitiés se recomposent, et parfois se défassent, suite à cela… C'est le grand cycle de la vie, ne pleurons pas dessus ! Mais en avoir conscience aide déjà à prendre du recul. Pour la suite, voici les cas les plus fréquents, et des pistes pour trouver des solutions lorsque ça coince.

QUAND ÇA COINCE AU NIVEAU DU BUDGET

LE PROBLÈME

Entre Soraya, trader à l'International Super Banque, et Géraldine, intermittente du spectacle, il y a un monde et plusieurs zéros de différence sur leur fiche de paye. Du coup, l'une vous envoie lien sur lien de palaces quatre étoiles avec spa, tandis que l'autre freine des quatre fers à la simple idée d'un dîner au restaurant et vous propose un pique-nique en plein mois de janvier. Allô Houston, nous avons un problème !

Normalement, si vous avez suivi mes conseils concernant l'élaboration du budget (p. 18) et déterminé un seuil commun à ne pas dépasser, vous ne devriez pas rencontrer ce problème. Ah oui, mais… ça, c'est dans la théorie. Dans la pratique, c'est un peu plus compliqué, notamment parce qu'en France, les questions d'argent restent très taboues : révéler que l'on ne peut pas mettre beaucoup pour l'EVJF d'une amie chère, c'est dévoiler sa situation financière moins reluisante peut-être que celle des autres, devoir assumer des choix parfois hors des sentiers battus (« il faut dire, quelle idée de vouloir être comédienne, alors que tu as fait HEC ! »). Bref, on doit donner à voir ce que l'on a plutôt envie de cacher.

Si vous sentez que ça coince, évitez à tout prix la mise en cause publique, du style : « Tu avais dit ok pour 100 euros, tu ne vas pas nous la jouer radine maintenant ? ». Ou encore : « Merci Soraya, mais tout le monde ne travaille pas pour l'International Super Banque ! »

Prenez plutôt le temps de parler à chacune des personnes concernées en privé pour éviter d'envenimer la situation, et essayez de remettre les choses à plat, sans jugement : « Ok, je comprends que c'est juste côté budget pour toi, peux-tu me dire franchement quel est le montant maximum que tu peux mettre ? Est-ce que tu préfères nous rejoindre après le cours de pole dance, comme ça, tu ne le payes pas ? ». Ou encore : « je comprends que cela te fasse envie, mais, malheureusement, tout le monde ne peut pas se le permettre. On peut essayer de trouver une alternative moins chère, ou te laisser y aller seule une prochaine fois avec la future mariée. » Restez pragmatique et positive, en vous montrant à l'écoute, mais sans tomber dans l'empathie pure : votre but est de ressortir de la conversation avec un compromis qui marche pour tout le monde.

CELLE QUI A DES OURSINS DANS LES POCHES

À côté de celle qui a de réels soucis d'argent, il y a aussi une autre espèce plus vicelarde : celle dont le porte-monnaie est bien garni, mais qui répugne à voir les sous en sortir. Sous ses airs innocents, cet Harpagon au féminin essaye de rogner le budget prévu par tous les bouts, et tous les moyens sont bons : « on fait ça le mercredi, il y a une réduc au spa ? », « je ferais les courses chez Dia, la bûchette de chèvre est tellement meilleure », etc. Pour la neutraliser, évitez tout simplement de lui confier la gestion de la cagnotte commune, et ne lui donnez le montant final (dans le respect de la limite prévue) qu'à la fin.

QUAND PERSONNE NE SE CONNAIT

LE PROBLÈME

Votre future mariée a un don pour se faire des amis un peu partout. Électron libre, elle préfère entretenir des relations individuelles – pour lesquelles elle a un talent certain –, plutôt que de se mouvoir en bande. Entre ses camarades de lycée, les amis qu'elle s'est fait pendant ses études à l'étranger et les copines de son cours de gym suédoise (vous), ça en fait, du monde ! Seul problème : le jour de l'EVJF, personne ne se connaît, et, entre Josiane, sa pote de tricot, et Anna, sa copine qui a gravi l'Everest, vous appréhendez un peu le choc des cultures.

Pas de panique : le mélange des genres peut s'avérer tout à fait sympathique et recèle parfois de très bonnes surprises – qui sait, vous pourriez vous découvrir une passion soudaine pour le tricot (à défaut de gravir l'Everest !). L'avantage, c'est que vous aurez forcément des sujets de conversation : un simple « et toi, tu fais quoi dans la vie ? », posé à la bonne personne, peut lancer la conversation pour la soirée entière. Vous pouvez aussi recourir aux techniques de *team building* employé en entreprise : un *dress code* commun (un t-shirt « Team Bride », une marinière, un haut de couleur et une petite robe noire), une activité manuelle à mener en équipe (le défi façon Top Chef, toujours efficace !) et un slogan commun (« tous ensemble ! », euh non, là je m'égare…) peuvent suffire à créer une bonne dynamique de groupe.

Si vous appréhendez vraiment le résultat, la meilleure solution reste d'organiser une rencontre entre toutes les participantes avant le jour J pour briser la glace et créer un esprit de corps avec la *team* EVJF. Certaines d'entre vous sont loin ? Prévoyez une vidéoconférence au sommet sur Skype. Vous verrez, c'est fou comme les relations changent dès que l'on peut mettre un visage sur un nom ! Le jour J, mettez vos talents de G.O. à contribution : sourire et bonne humeur inoxydable seront vos meilleurs alliés. Imaginez que vous receviez ces filles chez vous, et glissez-vous dans la peau d'une parfaite hôtesse de maison : posez des questions sur leur vie aux filles que vous ne connaissez pas et assurez-vous que chacune soit à l'aise. Bref, choyez-les, telle la Nadine de Rothschild que vous êtes au fond de vous (si, l'important, c'est d'y croire !). Oui, je sais, c'est un sacerdoce et ça demande un sacré sens de l'abnégation, mais, si ça contribue à la réussite de la journée, croyez-moi, ça en vaut la peine : vous n'en sortirez que grandie aux yeux de votre copine future mariée chérie, et je vous autorise à vous autocongratuler chaleureusement pendant les 10 prochaines années.

CELLE QUI N'OUVRE JAMAIS LA BOUCHE (NI SA BOÎTE MAIL)

Autre espèce discrète, mais hélas très courante parmi la faune exotique des enterrements de vie de jeune fille : la *carpa muetta*, autrement dit, la fille qui est dans toutes les *mailing lists*, mais qui n'a pas donné un seul signe de vie depuis le début de vos échanges collectifs, 6 mois auparavant. C'est pénible, car vous ne savez pas si vous devez la compter ou non. Comment la gérer ? Interpellez-la directement dans les mails collectifs (« et toi, Émeline, qu'en penses-tu ? »), envoyez-lui des relances individuelles et appelez-la. Bref, ne lâchez pas l'affaire. Si vous n'avez vraiment pas de nouvelles malgré cela, lancez un avis de recherche…

QUAND UNE OU PLUSIEURS PERSONNES NE S'ENTENDENT PAS

LE PROBLÈME

Javotte et Anastasie connaissent toutes les deux la future mariée depuis 15 ans, mais elles ne peuvent pas s'encadrer depuis que la première a embrassé Justin de 3e B, alors qu'il avait promis un slow à la deuxième. Depuis, tous les coups sont permis pour laver cet affront, et la chose a pris la dimension d'une vendetta corse. Flottant sur son nuage rose, votre future mariée n'a aucunement conscience du drame qui se trame. Comment éviter que la journée ne devienne un remake de Mes meilleures amies, *ce film qui vire à la guerre de* bridesmaids *?*

Toute la difficulté de l'exercice consiste à naviguer d'un camp à l'autre, sans se faire enrôler par l'un des deux côtés. Pour cela, prenez exemple sur la figure du flic incorruptible dans les films américains, solitaire, mais droit dans ses bottes (oui, vous avez le droit de porter un chapeau !). Ou, plus proche de nous, prenez la posture dite « de la mère supérieure » : vous ne voulez pas savoir qui a commencé, ce qui vous importe, c'est que ces deux-là enterrent la hache de guerre, au moins le temps d'un week-end. Tous les moyens sont bons : n'hésitez pas à user de la menace (« Marie sera très déçue, si tu ne viens pas ») et de la flatterie (« je sais que tu es bien plus intelligente qu'elle, tu es au-dessus de tout ça », à dire à chacune d'entre elles). Faites appel à leur sens de l'amitié : après tout, elles ne le font pas pour l'autre, mais pour la future mariée. Si vraiment cela ne suffit pas, il va falloir sévir : décrétez une garde alternée (samedi pour Javotte, dimanche pour Anastasie) et privez-les de dessert. Non mais !

En revanche, résistez à la tentation (forte, je vous le concède) d'aller vous lamenter auprès de Marie-la-future-mariée du comportement de ses copines. D'abord, parce qu'elle ne pourra pas y faire grand-chose, sans compter qu'elle a d'autres chats à fouetter. Ensuite, parce que cela ne pourra que la peiner, voire lui donner l'impression que ses amies ne l'aiment pas suffisamment pour faire cet effort pour elle. À l'approche de son mariage, elle n'a qu'une envie : profiter autant que possible de cette douce béatitude et de cet élan d'amour universel qu'elle ressent depuis qu'Alfonso-l'amour-de-sa-vie lui a demandé sa main. Toute à son amour, elle n'est que bienveillance, douceur et confettis pour le monde. Soyez sympa, laissez-la planer.

CELLE QUI N'AIME PERSONNE (ET QUE PERSONNE N'AIME)

Toujours prête à ouvrir la bouche, elle a un avis sur tout et sur tout le monde, et celui-ci est rarement positif : c'est simple, personne ne trouve grâce à ses yeux, et, si vous la laissez faire, même la future mariée va se retrouver rhabillée pour l'hiver. C'est une vraie purge, capable de plomber l'ambiance la plus funky et de semer la zizanie le temps de dire « mojito framboise ». La bonne nouvelle, c'est qu'il n'y a rien de tel, comme personnage, pour souder l'ensemble du groupe… contre elle. Pour la neutraliser, prêtez-lui le minimum d'attention et n'hésitez pas à désamorcer ses tentatives de ragots d'un ferme « merci, mais ça ne m'intéresse pas ».

ISOTONER

QUAND CHACUNE A UN AVIS (ET LE PARTAGE)

LE PROBLÈME

Le moins que l'on puisse dire, c'est que Marie a des copines impliquées ! Ultra-réactives, elles répondent dans l'heure au moindre mail et ont 15 idées qui fusent à la minute. Tout le monde participe... et même un peu trop, car, au final, personne ne s'entend : entre celle qui tient absolument à son idée de barbecue sur la plage (vous avez beau lui expliquer que c'est interdit, rien n'y fait), celle qui soutient mordicus que Marie a toujours rêvé de faire un tour de chameau au Jardin d'Acclimatation (alors que, d'aussi loin que vous vous souvenez, elle a horreur des bêtes) et celle qui ne démord pas du saut en parachute (bien que la moitié des participantes aient la phobie du vide), trouver un terrain d'entente s'annonce compromis. Comment créer le consensus, tel un Jean Monnet de l'EVJF ?

À l'image du père fondateur de l'Europe (si vous ne voyez pas de qui je veux parler, révisez donc dans Wikipédia), il va vous falloir patience et ingéniosité pour mettre tout le monde d'accord. Plutôt que de tenter de concilier l'inconciliable, essayez plutôt de trouver un terrain commun à toutes les parties : l'ensemble de la petite bande est originaire du Sud-Ouest et a grandi avec le goût du magret de canard dans la bouche ? Proposez de décliner tout le week-end autour de cette thématique (cours de cuisine pour faire son foie gras, partie de belote, dégustation de vin de la région...), excluant ainsi de fait tout ce qui ne s'y rapporte pas (le barbecue sur la plage, le chameau et le saut en parachute, donc).

L'autre option, plus radicale, c'est de prendre les choses en main, en imposant le programme, un-point-c'est-tout. Bien sûr, c'est tentant et ça fait gagner du temps, mais je vous le déconseille : on se sent toujours moins encline à s'impliquer, si l'on a l'impression de ne pas avoir son mot à dire… et vous risquez de vous retrouver à tout organiser toute seule, voire de vous mettre le groupe à dos. Même si c'est un peu plus long, mieux vaut opter pour la méthode de la persuasion…

CELLE QUI S'EST DÉCOUVERT UNE VOCATION DE DICTATEUR

Au début, vous ne l'avez pas vu venir. Et tout d'un coup, alors que la discussion bat son plein, elle abat ses cartes d'un coup : « C'est bon, la maison à Guéthary est réservée, vous me devez 50 euros chacune pour l'acompte. » Ah bon ?! Prise un peu de court, vous n'avez pas le temps de réagir. Et elle vous annonce à la suite que le restaurant et le cours de poterie sont retenus aussi. Elle vous remercie chaleureusement pour vos idées, mais « c'est plus simple comme ça ». Ah oui, en effet ! Comment la neutraliser ? Il n'y a pas grand-chose à faire, hélas. Mais la bonne nouvelle, c'est que le *wannabe* dictateur vous soulage du coup au passage du plus gros de l'organisation. Allez donc prendre un apéro en terrasse, et profitez de vos soirées pendant qu'elle jonglera avec les devis !

QUAND PERSONNE NE VEUT S'EN CHARGER

LE PROBLÈME

Ce n'est pas que votre future mariée ne soit pas appréciée de ses amies, non... C'est juste qu'elles ont un poil dans la main d'une taille à faire frémir le yéti himself. *Vous avez beau leur glisser des allusions subtiles (« qui s'y connaît en cuisine ? Je ne sais pas où trouver un cours de pâtisserie top niveau... »), leurs réponses molles mais sympathiques sont aussi vagues que des promesses électorales. Comment les mettre au boulot sans passer pour la cheftaine de service (voir* Celle qui s'est découvert une vocation de dictateur, *p. 53) ?*

Oubliez les allusions subtiles : c'est un peu comme suggérer un cadeau d'anniversaire (pour vous) à votre mec : il faut mieux l'afficher en 4 x 3 dans le métro. Parfois, il faut savoir aller droit au but. Vous voulez de l'aide ? Demandez-la ! Pour déléguer efficacement, n'importe quel manager pourra vous le dire, il faut être directif : plutôt qu'un vague « qu'est-ce qu'on fait pour le dîner ? », dites plutôt : « Ok, qui peut se charger de nous trouver un restaurant italien dans le 2e arrondissement et de réserver une table pour 8 personnes à 20 h 30 ? » Si cela ne suffit pas, enfilez votre costume de Super Manager et déléguez des tâches à chacune : Justine ramène la quiche pour le déjeuner, Églantine s'occupe du dessert, Sarah est chargée de trouver un cours de danse orientale, Margot s'occupe de dégoter le spot parfait pour un café en terrasse au soleil… Oui, c'est un peu fastidieux, mais ultra-efficace.

CELLE QUI N'EN FICHAIT PAS UNE RAME

Oh, elle est charmante, ce n'est pas le problème. Mais pourtant, là, alors qu'elle se la coule douce dans le canapé pendant que vous vous cognez la vaisselle du dîner à 12 (on n'allait quand même pas laisser la future mariée s'en charger, non ?), vous avez bien envie de l'étriper. Et le pire, c'est que ça n'a pas l'air de la déranger de vous regarder bosser ! Surcouvée dans son enfance et choyée par son mec qui l'adore, cela ne lui traverse tout simplement pas l'esprit de vous aider. Comment la mettre au boulot ? En lui demandant d'un ton neutre si elle peut s'occuper de sécher les assiettes par exemple, comme si c'était tout à fait normal. Et ça l'est, d'ailleurs, non ?

QUAND C'EST LA FUTURE MARIÉE QUI COINCE

LE PROBLÈME

Elle a bien tenté de faire passer le message de manière plus ou moins subtile, mais l'EVJF, non merci. Seulement voilà, ses copines en ont décidé autrement, et vous êtes embarquée dans l'aventure – vous trouvez ça cool, et sinon, elle va le regretter, c'est sûr. Et puis, elle devrait vous faire confiance, vous la connaissez ! Sauf qu'au fond de vous, vous avez comme un doute : et si elle se braquait le jour J ?

La première chose, c'est de s'interroger sur la raison pour laquelle elle ne veut pas d'enterrement de vie de jeune fille : a-t-elle vraiment horreur de ça ? De quoi a-t-elle peur ? Est-ce vraiment l'EVJF qui l'angoisse, ou est-ce que ça cache une crainte plus profonde, liée au mariage ? Sans jouer les psys de comptoir, essayez de la sonder pour comprendre de quoi il retourne. Comme je l'ai mentionné dans l'introduction de ce chapitre, c'est un rituel qui cristallise aussi beaucoup de non-dits et d'angoisses, et cela vaut également pour la future mariée.

Pour faire passer la journée en douceur, présentez-le d'abord comme **une occasion de se retrouver entre amies et de partager un vrai bon moment**. Dites-lui que c'est important pour vous et que vous avez à cœur de lui témoigner votre présence de cette manière.

Surtout, ne la forcez pas à faire des choses dont elle a horreur, sous prétexte que « c'est marrant, allez ! » : si elle était réticente à la base, il est peu probable que se faire déguiser en infirmière cochonne pour vendre des préservatifs sur la grand-place reste l'un des meilleurs souvenirs de sa vie.

CELLE QUI DÉTESTE SON ENTERREMENT DE VIE DE JEUNE FILLE

À la base, elle était pourtant très partante, et impatiente de savoir ce que vous lui aviez réservé… Mais le jour de l'EVJF, rien ne va plus : vous la sentez ultra-tendue et stressée. Elle arbore un sourire crispé et a l'air de s'amuser autant qu'à une cérémonie d'anciens combattants. Bref, c'est le désastre, et vous ne savez pas quoi faire. Vous n'êtes pas forcément en cause : peut-être est-elle anxieuse de « bien faire » – car elle sait que vous avez mis beaucoup d'efforts dans la journée – ou tout simplement stressée par ses préparatifs de mariage ? Comment la dérider ? Mettez-la à l'aise : dites-lui que vous n'êtes pas obligées de suivre le programme prévu, que l'essentiel pour vous, c'est qu'elle passe un bon moment. Si ça veut dire passer 4 heures à papoter au café, ça vous va aussi !

3. ÉCLATEZ-VOUS !

Ça y est ! Vous avez trouvé une date (p. 14), défini un budget (p. 18) et désamorcé la guerre nucléaire en puissance qui couvait au sein du petit groupe (voir le chapitre sans stress, p. 44 et suivantes). Ouf ! Ne croyez pas que vous allez pouvoir souffler pour autant, car il est temps d'attaquer la suite de l'organisation. La bonne nouvelle, c'est que c'est la partie la plus sympa qui vous attend, celle qui consiste à décider à quelle sauce votre future mariée va être mangée, en choisissant les activités et le déroulé de son enterrement de vie de jeune fille.

On oublie le déguisement d'infirmière salace pour vendre des sucettes en forme de pénis (sic !) au milieu de la grand-place : l'enterrement de vie de jeune fille façon XXIe siècle se vit comme un moment girly et cool à partager entre copines, et non plus comme une version plus ou moins raffinée du bizutage pratiqué dans les facs de médecine. Le mot d'ordre, c'est de faire plaisir à la future mariée. On va donc s'appuyer sur ses goûts et ses envies pour imaginer le programme de la journée.

ANIMER LA JOURNÉE : LES ACTIVITÉS

L'essence même de l'EVJF, sa substantifique moelle, ce sont les activités et les jeux, qui rythment et donnent le ton de la journée. Destinés à faire passer un bon moment à la future mariée, ils peuvent la faire rire ou la bousculer gentiment, mais surtout pas l'humilier publiquement ou la mettre véritablement mal à l'aise, même si c'est pour provoquer l'hilarité générale (sauf la sienne) – vous aimeriez ça, vous ?

Si elle aime manger

Tendance oblige, la passion des Français pour la cuisine n'a jamais été aussi forte – il n'y a qu'à voir le succès des émissions de style *Top Chef* et autres *Un dîner presque parfait*. L'avantage, c'est que cela se traduit par une pléthore de cours pour apprendre à confectionner de vos blanches mains, à peu près tout et n'importe quoi, des sushis aux choux à la crème. Pour trouver votre bonheur, une simple requête dans un moteur de recherche, en indiquant le sujet du cours de cuisine recherché et le nom de votre ville, devrait vous donner de bons résultats. En plus, vous pouvez déguster votre préparation à la fin – idéalement, pensez donc à caler le cours à l'horaire du repas, ou du goûter s'il s'agit d'un mets sucré. Pour être plus à l'aise, vous pouvez aussi faire venir un chef à domicile – ce n'est pas forcément plus cher, contrairement à ce que l'on croit.

QUELQUES IDÉES

Pâtisserie, macarons, cuisine du monde (japonaise, italienne ou libanaise : à vous de voir selon les goûts de la mariée), sushi, chocolat, ou encore thématique (par couleur, aphrodisiaque, régional…). Pensez aussi au cours d'œnologie ou d'accords mets-vins si la mariée aime le vin, ou encore au cours de mixologie – l'art de confectionner des cocktails –, avec une recette unique à son nom, qu'elle pourra resservir au mariage.

COMBIEN ?

De 15 à plus de 130 euros. La fourchette est assez large et varie autant en fonction du type de cours que du lieu choisi. Dans l'école d'un chef prestigieux, l'addition est forcément plus salée qu'avec un petit prestataire qui se lance, de même que les prix sont généralement plus élevés dans les grandes villes – mais je ne vous apprends rien. En moyenne, comptez autour de 30-40 euros, sachant que les tarifs sont généralement dégressifs selon le nombre de participantes. Si ce n'est pas le cas, n'hésitez pas à demander s'il est possible de faire un petit geste commercial – vous n'avez rien à perdre.

Si elle aime bouger

La mariée aime se dépenser, courir, sauter et ne tient pas en place ? Allez, cela ne vous fera pas de mal non plus – l'auteur de ces lignes compatit avec vous, le sport n'ayant jamais été sa matière préférée à l'école ! Optez pour une activité qui allie le fun à l'effort, et imposez un dress code commun pour renforcer l'esprit d'équipe. Marinière, code couleur, ou encore tutus de toutes les couleurs : le but, ce n'est pas de figurer sur un blog de *streetstyle* (quoique…), mais d'y aller à fond et de s'éclater. Attention : faites quand même un petit check-up santé auprès des autres filles, histoire de vérifier qu'aucune d'entre elle n'est cardiaque ou asthmatique au dernier degré… Ce serait dommage d'en perdre une en route. Oui, même Javotte ou Anastasia.

QUELQUES IDÉES

Cours de danse Bollywood, de pole dance ou de danse orientale, séance de natation synchronisée, balade en kayak ou en catamaran, promenade à vélo avec un guide pour (re)découvrir la ville, randonnée dans la forêt, paintball ou sa version urbaine, jeu laser, promenade à cheval… Si vous vous y prenez suffisamment à l'avance, vous pouvez aussi caler son EVJF sur une grande manifestation sportive et ludique, comme la course à pied La Parisienne ou la Colour Run® (où tous les participants se font arroser de poudre colorée : effet garanti en photo !), ou encore les sessions de yoga en plein air, qui se multiplient l'été dans les grandes villes.

COMBIEN ?

De gratuit, pour une promenade en forêt, à plusieurs dizaines d'euros, selon l'activité choisie. Mais, à moins de vouloir vous entraîner avec Mya Frye elle-même, vous devriez dépenser entre 10 et 30 euros par personne.

Si elle est accro à l'adrénaline

Qui a dit qu'un enterrement de vie de jeune fille devait forcément tourner autour des macarons et d'une séance de manucure ? Si votre mariée aime les sensations fortes, offrez-lui une expérience inoubliable : du saut en parachute à la conduite sur un circuit de Formule 1, les possibilités ne manquent pas. Seule contrainte : s'assurer qu'elle ait la condition physique requise (n'hésitez pas à questionner le groom discrètement), histoire qu'elle ne vous avoue pas au dernier moment que, non, elle ne peut pas faire ce saut à l'élastique, parce qu'un petit passager surprise s'est invité – ils comptaient l'annoncer le soir du mariage.

QUELQUES IDÉES

Voile, rafting, canyoning, saut en parachute, accrobranche, séance de montagnes russes dans un parc d'attraction, karting, conduite sur glace, vol en apesanteur (Air Zéro G, www.airzerog.com), nage en eau vive, hydroglisseur, ski nautique, *wakeboard*, surf, char à voile, tir à la carabine… Bref, réveillez la Calamity Jane qui est en elle !

COMBIEN ?

Qui dit « activité à risques », dit « tarifs souvent plus élevés », notamment parce que le matériel et les assurances coûtent cher. Si vous pouvez vous en tirer pour une vingtaine d'euros pour des activités comme la voile ou l'accrobranche, les prix grimpent vite pour le reste. Comptez de 50 à plus de 100 euros par personne, selon l'activité choisie. Si le prix est vraiment trop élevé, vous pouvez aussi choisir de ne l'offrir qu'à la future mariée, une façon mémorable de marquer le coup – sans compter que tout le monde ne rêve pas de sauter en parachute, loin de là !

Si elle aime les ambiances cocooning

Une déco soignée, une bougie parfumée, une bande-son spécial détente et un massage à l'huile chaude : il n'en faut pas plus pour la faire décoller. Et son plus grand fantasme est d'avoir manucure et coiffeur à domicile. Bref, se faire chouchouter, elle adore ça. Concoctez-lui un programme 100 % détente, qui lui fera oublier jusqu'au nom du satané traiteur qui s'obstine à lui proposer des nappes blanches, alors qu'elle avait dit écru – on est d'accord, ça n'a rien à voir.

QUELQUES IDÉES

Hammam entre filles, atelier manucure dans un institut de beauté, cours pour apprendre à se coiffer (chez 365c, www.365c.fr), bar à chignons, atelier pour apprendre à fabriquer ses propres cosmétiques ou son parfum, cours de yoga ou encore séance de jacuzzi en plein air (oui, on peut se faire livrer un jacuzzi, le saviez-vous ? Voir www.allojacuzzi.com) devraient lui plaire.

COMBIEN ?

De 15 à 60 euros, selon les activités et le nombre de participantes. Souvent, on réserve une surprise en plus pour la future mariée (par exemple, un massage pour elle après le hammam), ce qui permet de la gâter sans trop alourdir l'addition.

Les jeux et animations gratuits

Le deuxième type d'activités, ce sont les jeux ou animations gratuits destinés à faire rire (voire à embarrasser gentiment) la future mariée, à partager des anecdotes, à se rappeler des bons souvenirs ou à mettre l'ambiance. Un EVJF, c'est aussi l'occasion de célébrer l'amitié qui vous unit, voire parfois de renouer contact lorsque l'on s'est un peu perdues de vue. Quiz, blind-test, épreuve inspirée d'un jeu télévisé… Si vous êtes en panne d'inspiration, réfléchissez aux goûts de la mariée ou à un souvenir commun, qui pourraient servir de fil rouge à vos animations. Elle est branchée nourriture bio et porte des Birkenstock® à longueur d'année ? Organisez-lui une journée « bobo-bio ». Elle adore faire la fête, et la moitié de son dressing pourrait faire boule à facettes dans une boîte de nuit ? Décrétez un thème Studio 54, autour de l'âge d'or du disco. Elle est fan de design scandinave ? C'est parti pour une journée Smœbled (non, ce mot ne veut rien dire !), etc. Pour éviter que tout ne repose sur la même personne (bibi), répartissez-vous les tâches par tranche horaire, en binôme ou en solo. Cela permettra aussi à chacune de partager ses souvenirs avec la mariée, parce qu'entre les copines du lycée et son nouveau gang du cours de yoga, les blagues ne seront peut-être pas les mêmes.

Déguisement or not ?

Voici une question épineuse. Potache ou non, le déguisement est-il un passage obligé ? La réponse est non, bien évidemment ! De même que l'on se débarrasse des codes guindés du mariage façon robe meringue/chemins de table en intissé/dragées, l'EVJF nouvelle version est avant tout un événement qui doit vous ressembler et refléter les goûts de votre amie. En gros, si votre délire, c'est de manger des saucisses-frites devant un match de foot, foncez ! La seule obligation, c'est de faire plaisir à la future mariée et de passer une bonne journée. Ainsi, pour le déguisement, si c'est une tradition dans votre groupe de copines et que Marie est la première à dégainer le costume de Titi (c'est Alfonso qui fait Grosminet) à la moindre soirée, pourquoi pas ? Sinon, vous pouvez aussi tenter la version soft du déguisement, c'est-à-dire le dress code à thème (voir *Se fabriquer des souvenirs : les photos*, p. 77).

VOICI 5 CONSEILS QUI VONT VOUS SAUVER LA MISE

Partez de votre histoire commune

Une anecdote, l'émission de télé que vous adoriez regarder quand vous étiez ado, votre série préférée, ou même votre cours d'aquabike… Cela vous donnera un point de départ, à partir duquel il est bien plus facile de broder.

Ne vous forcez pas

Vous avez les blind-tests en horreur et jugez les jeux du style *Les Z'amours* du dernier ridicule ? Ne vous forcez pas, ça se verra. Essayez de trouver une forme qui vous convient, même si c'est un simple petit *speech* pour raconter une anecdote commune.

N'en faites pas des tonnes

Votre présence et votre participation ce jour-là sont déjà une preuve d'amitié. Vous n'avez pas forcément besoin d'organiser un show de pingouins en claquettes (en sacrifiant votre Codevi et votre moquette au passage) pour lui montrer votre amitié, même si elle adore *Happy Feet*.

Soyez brève

Personne ne vous demande de jouer les G.O. l'après-midi entière, et les temps morts font partie intégrante de la journée. Quinze à trente minutes par animation, c'est déjà très bien.

Misez sur les accessoires

Rien de tel qu'un peu de mise en scène pour donner une autre dimension au moment. Chapeau de cow-boy, lunettes, vuvuzela… à vous de trouver celui qui va bien !

SE FABRIQUER DES SOUVENIRS : LES PHOTOS

L'enterrement de vie de jeune fille d'une amie, c'est aussi une super occasion de se créer des souvenirs qui resteront longtemps. Après tout, quand aura-t-elle de nouveau l'occasion de passer une journée avec toutes ses copines réunies ? Plusieurs options s'offrent à vous : faire appel à un photographe professionnel, confier la mission à une copine ou installer un photobooth. Dans tous les cas, quelques astuces peuvent vous aider à obtenir de jolies photos – je vous en parle plus loin !

Faire appel à un photographe professionnel

De plus en plus en vogue, les séances photos organisées avec un photographe ont la cote, et pour cause : cela fait autant plaisir à la mariée qu'à ses copines. Le principe : il vous rejoint à un moment donné de la journée dans un bel endroit, et c'est parti pour un shooting photo surprise ! La séance dure généralement 1 heure, et même les plus récalcitrantes se laissent prendre au jeu. L'avantage, c'est qu'à la fin, vous aurez des photos d'une qualité professionnelle… avec tout le monde dessus, car c'est le ou la photographe qui est derrière la caméra. Un vrai pro saura aussi vous guider pour choisir le meilleur spot et adopter des pauses sympa pour avoir le meilleur résultat. Si vous avez un doute, les nombreuses photos de vrais EVJF, de l'agence *Epouse-moi cocotte* (epousemoicocotte.com), qui illustrent ce livre devraient achever de vous convaincre.

Évidemment, cela suppose de prévoir un petit budget : de 30 à 60 euros par personne selon le photographe. Souvent, la part de la mariée est offerte. Bonus, vous pourrez également passer une super soirée ensuite à regarder les photos toutes ensemble !

Confier la mission à une copine

Si vous êtes trop juste côté budget ou que vous préférez rester entre vous, il vous reste l'option *homemade* : confiez la mission à celle d'entre vous qui réussit toujours ses photos de vacances ou qui vient d'avoir un gros reflex pour son anniversaire. Pour mettre toutes les chances de votre côté d'avoir de bons résultats, définissez une plage de temps précise dédiée au shooting – par exemple, devant votre ancienne école primaire, de 16 à 17 heures. Cela vous évitera de laisser filer l'heure – « oh zut, il fait nuit ! » – ou de faire virer la mission à une véritable corvée pour l'intéressée – « attends, il faut absolument que l'on immortalise le moment où l'on monte dans le métro ! ». Elle a aussi le droit de profiter de sa journée.

Installer un photobooth

C'est la grande tendance, dans les mariages, anniversaires et soirées de tout type. Fun et décomplexé, le photobooth permet d'avoir des photos déjantées et de super-souvenirs de vos moments entre amis. Du plus rudimentaire (un simple appareil posé sur un pied) au plus sophistiqué (une cabine de Photomaton vintage), le principe est toujours le même : venir prendre la pose devant l'objectif avec des accessoires, devant un joli fond. Ce qu'il vous faut pour le faire vous-même : un appareil photo (un reflex est l'idéal pour avoir des prises de vue d'excellente qualité), un pied et une télécommande – vous pouvez aussi utiliser la fonction retardateur, mais c'est moins pratique ; on en trouve à la Fnac ou en ligne pour pas très cher. On soigne le décor : une planche en bois recouverte d'un joli papier peint (n'hésitez pas à demander au magasin de bricolage du coin s'il n'a pas des chutes à vous céder), un rideau de rubans dans un camaïeu de couleurs, un beau mur… Pensez à prévoir un canapé ou quelques fauteuils, qui permettent d'être plus nombreuses sur la photo – les grandes derrière, les petites devant ! Enfin, postez-vous près d'une fenêtre pour avoir un maximum de lumière naturelle. Si vous prenez les photos de nuit au flash, positionnez l'appareil à la bonne distance, entre 2 et 3 mètres : suffisamment pour avoir de la lumière, mais pas trop pour ne pas « brûler » la photo.

RÉUSSIR SES PHOTOS

Ça y est, vous avez fait votre choix ? Bravo ! Mais, pour avoir de belles photos, il va falloir faire un petit effort supplémentaire. Car ce n'est pas le tout d'avoir un bon appareil : si vous faites des photos sous une lueur blafarde dans une station-service, elles auront peu de chance d'être réussies – ou alors, c'est un parti pris arty. À vous de voir… Pour avoir de belles photos, il va donc falloir donner un petit « coup de pouce » au réel.

SOIGNEZ LE DÉCOR

Commencez par choisir avec soin le cadre de vos photos. Un beau graffiti, un immeuble ancien en briques, la Tour Eiffel, la cour d'école de votre enfance, un parc fleuri… peuvent être de superbes toiles de fond. Essayez de trouver un endroit pas trop fréquenté, ou évitez les heures de pointes.

CHOISISSEZ LE BON CRÉNEAU

Au sens technique comme au sens artistique du terme, c'est la lumière qui fait la photo. Contrairement à ce que l'on croit souvent, le soleil est votre ennemi de ce point de vue : il durcit les visages, écrase les volumes et fait ressortir tous les défauts de la peau (argh !). Évitez donc à tout prix l'heure du déjeuner, ou mettez-vous à l'ombre si ce n'est pas possible. Les meilleurs horaires : tôt le matin ou en fin d'après-midi, lorsque le soleil est bas et que la lumière flatte naturellement les visages.

LES TENUES

Même si ce n'est pas obligatoire, il n'y a rien de tel qu'un dress code commun pour créer un effet visuel fort. De la classique marinière à la petite robe noire, en passant par les tenues d'époque – toutes en robe dans l'esprit de Mad Men ! – ou le blouson en cuir rock, tout est permis !

LES ACCESSOIRES

En complément ou à la place du dress code, les accessoires ont le double avantage d'aider les moins à l'aise à se détendre et de créer une cohésion visuelle sur la photo. Pensez à porter des lunettes de soleil de style Ray-Ban® de toutes les couleurs, des chapeaux, des couronnes de fleurs… Pour s'amuser et créer un effet spectaculaire sur la photo, les confettis ou les fumigènes de couleurs sont idéaux.

LES ENDROITS LES PLUS PHOTOGÉNIQUES DE FRANCE

Vous avez le photographe, le dress code et les accessoires, mais il vous manque l'essentiel : le spot qui rendra votre séance photo digne d'une publication sur un blog de mariage (on le dit en toute partialité !). Voici quelques idées, à vous de compléter la liste…

Le « mur des je t'aime »
square Jehan-Rictus, à Montmartre (Paris)

La bibliothèque nationale de France (Paris)

La rue Crémieux et ses façades colorées (Paris)

Le squat d'artistes Les Frigos (Paris)

Les graffitis de la rue Dénoyez, à Belleville (Paris)

La vue du parc de Belleville (Paris)

Le jardin japonais du musée Albert-Kahn (Paris)

La fête foraine des Tuileries (Paris), en saison

Le théâtre antique de Lyon à Fourvière (Lyon)

Les livres géants de la bibliothèque Méjanes
(Aix-en-Provence)

Le parvis du MuCEM (Marseille)

Le miroir d'eau, place de la Bourse (Bordeaux)

Les Machines de l'île (Nantes)

Le Lieu unique (Nantes)

Mais aussi une superbe forêt, une promenade en montagne, un déjeuner sur l'herbe, une séance de patin à glace, votre *home sweet home*…. L'essentiel, c'est que cela soit un lieu qui vous parle et dans lequel vous vous sentiez à l'aise !

INVENTER UNE JOLIE DÉCO

Bien sûr, la déco n'est pas une obligation pour un enterrement de vie de jeune fille, et vous avez déjà peut-être assez souffert avec les 354 cocottes en origami marque-places que vous avez aidé votre future mariée-chérie-d'amour à plier – vous êtes vraiment une très bonne copine. Mais n'est-ce pas dommage de se priver d'une occasion de créer un joli décor ?

Marie sera certainement touchée et ravie, et, contrairement à ce que l'on pense, cela ne requiert ni un budget pharaonique, ni les compétences dignes d'un ingénieur de la NASA. Voici trois conseils pour vous aider à « pimper » la déco de cet EVJF en trois coups de cuillère à pot.

DÉFINIR UN THÈME

À moins de s'appeler Martha Stewart (la papesse américaine de la déco et du *DIY*), créer une déco en partant de zéro n'est pas forcément facile. Choisir un thème vous aidera en vous donnant un point de départ, qu'il suffit ensuite de décliner sur les différents supports : la déco de table, les fleurs, la papeterie, les petits accessoires, le bar à bonbons… Évidemment, c'est encore mieux si votre thème se retrouve tout au long de la journée, dans les activités, le dress code… C'est *too much* ? Peut-être, mais c'est ça qui est bon, non ? Retrouvez plusieurs idées de thèmes avec la déco et le programme associé, p. 98.

SOIGNER LES DÉTAILS

Loin d'être accessoires, ce sont les détails qui vont ponctuer la décoration et créer une véritable ambiance : petites étiquettes marque-places près des assiettes pour chacune des invitées, ravissants *tote bags* personnalisés à emporter (voir Trois *DIY* faciles pour un effet « waouh ! », p. 95, pour les fabriquer), jolies piques décorées pour l'apéritif ou pour remuer les cocktails, banderole, bar à bonbons aux couleurs coordonnées, buffet artistiquement disposé avec des jolies étiquettes pour chaque plat… Ce sont autant de petites choses qui contribueront à rendre la journée magique, et la future mariée sera forcément touchée de tous les efforts que vous aurez faits.

PRIX MINI, EFFET MAXI

Ok, c'est bien joli, ces histoires, mais un enterrement de vie de jeune fille coûte bien assez cher, on ne va pas en plus refaire la déco, si ? Mais si ! Parce que ce n'est pas forcément plus cher.

Commencez par faire le tour du petit groupe, histoire de voir qui possède quoi, et faites un premier point : Salomé apporte sa jolie nappe, Alexandra amène des assiettes anciennes et Julie a encore des guirlandes de fanions de sa soirée d'anniversaire. Ensuite, n'hésitez pas à faire un tour sur les blogs mariage, qui donnent souvent une tonne d'idées *DIY* faciles à réaliser soi-même à moindre coût. Je vous donne également trois idées accessibles et bluffantes (p. 95), qui peuvent se décliner facilement en fonction de votre thème.

Pour obtenir un maximum d'effet, tâchez de tout mettre en place avant l'arrivée de la future mariée, pour qu'elle ait la surprise en rentrant dans la pièce.

3 DIY FACILES POUR UN EFFET « WAOUH ! »

Créer une déco de table en un coup de bombe : commencez par rassembler des bouteilles en verre de tailles et formes variées. Retirez les étiquettes (laissez-les tremper toute la nuit, elles devraient se décoller toutes seules). Peignez-les à l'aide d'une bombe de peinture acrylique dans la couleur de votre choix : cuivré, doré, blanc, pastel… Il ne vous reste plus qu'à les disposer sur une belle nappe blanche et à piquer fleurs fraîches et/ou bougies blanches dedans.

Créer un rideau de rubans sans la moindre aiguille à coudre : selon la longueur et la largeur désirée, il vous faut entre 20 et 40 rubans de satin (achetez-les en ligne, c'est moins cher !) de 2 à 3 m de long, ainsi qu'une cordelette de 5 mm d'épaisseur minimale. Pliez un ruban en deux, nouez-le autour de la cordelette en passant les brins dans la boucle, et recommencez autant de fois qu'il y a de rubans. Pour finir, accrochez la cordelette aux murs avec deux petits clous de chaque côté, ou des crochets adhésifs pour torchons si vous ne voulez pas abîmer les murs. C'est encore plus joli, si vous choisissez vos rubans dans un camaïeu de couleurs. Placé en fond, derrière le bar à bonbons ou le coin photobooth, il sera du plus bel effet.

Fabriquer des *tote bags* ou des t-shirts personnalisés : munissez-vous de papier transfert pour textile, spécial imprimante (dans les magasins de loisirs créatifs ou en ligne) et de t-shirts ou tote bags de couleur claire (en ligne). Choisissez le visuel de votre choix (photo, texte, logo…), imprimez-le sur votre feuille de papier transfert. Placez celle-ci sur votre tissu clair et repassez ce dernier à fer doux. Laissez refroidir. Ça y est, c'est prêt !

UN PETIT COUP DE POUCE : FAIRE APPEL À UNE AGENCE

Avec le retour de la mode des enterrements de vie de jeune fille, on voit apparaître des agences spécialisées en la matière, telles qu'on en trouve aux États-Unis ou en Angleterre. Faut-il y faire appel ? Pourquoi pas ! C'est plus confortable, mais attention à ce que le résultat ne manque pas de personnalité. Pour y remédier, prévoyez également, de votre côté, des petits moments plus intimes (voir *Animer la journée : les activités*, p. 60).

Autre option : faire intervenir une agence à un moment donné de la journée, pour proposer une activité hors des sentiers battus, ajouter un supplément d'âme ou organiser le shooting photo. L'avantage, c'est que cela permet de garder un tarif raisonnable, tout en offrant cette surprise à la mariée.

L'autre grande tendance dans le mondc du mariage, c'est de faire appel à ce que l'on appelle un(e) *event designer*, c'est-à-dire littéralement un styliste d'événement. Derrière ce nom très chic se cache l'idée de faire créer déco et jolie papeterie pour une occasion spéciale. Les tarifs ne sont pas forcément prohibitifs, et cela donne un véritable supplément d'âme à votre enterrement de vie de jeune fille, sans compter les jolis souvenirs avec lesquels vous repartirez.

Mon agence chouchou, c'est bien sûr *Epouse-moi cocotte* (www.epousemoicocotte.com), avec qui j'ai choisi de travailler pour illustrer ce livre – toutes les photos sont d'ailleurs celles de vrais EVJF, au cas où vous vous poseriez la question ! Anouch et Laurence orchestrent de très jolies séances photos, accessoires et *goodies* inclus, et ont aussi une jolie boutique en ligne, dans laquelle on peut dénicher des cadeaux pour les témoins et les futurs mariés.

4.
IDÉES INSPIRÉES POUR EVJF STYLÉS

Comment ça marche ? Ce chapitre est vraiment pensé comme une boîte à outils pour vous permettre de composer votre propre journée. Pour chaque thème, la chef à domicile et traiteur Chloé cuisine en vert (www.chloecuisine.com) a imaginé une recette correspondante pour six personnes. Fraîche, gourmande et de saison, sa cuisine devrait mettre tout le monde d'accord ! Pour chaque thème, j'ai également listé des exemples d'activité et de programme de la journée. L'idée n'est pas forcément de l'appliquer à la lettre, mais plutôt d'y piocher des idées. Enfin, vous y trouverez à chaque fois un dress code. Ce n'est pas obligatoire, mais c'est vraiment chouette, surtout pour les photos !

À CHAÇUNE
SON THÈME

Traditionnellement, le programme et le thème de l'enterrement de vie de jeune fille doivent rester une surprise. Cependant, rien ne vous empêche de tâter le terrain pour vous rapprocher au plus près des attentes de la future mariée. Mais comme on a parfois besoin d'un point de départ, vous trouverez dans ce chapitre six thèmes à décliner suivant ses goûts et envies.

L'EVJF Top Chef

Très à la mode, les activités autour de la cuisine sont un grand classique des enterrements de vie de jeune fille. Et pour cause : c'est fédérateur, car on aime toutes manger (non ?!). En la matière, une foule d'options s'offrent à vous et le plus dur va sans doute être de choisir. Pour vous orienter, pensez aux goûts de la future mariée et dessinez un fil rouge autour d'un style de cuisine qui lui plaît particulièrement.

LES ACTIVITÉS

Le matin, on se met en jambes avec un blind-test « Ces goûts venus d'ailleurs » (soyez sympa, laissez-la quand même boire son café avant) : les yeux bandés, elle doit identifier divers aliments au goût et au toucher. Bien sûr, plus c'est bizarre, mieux c'est…

Pour le déjeuner, direction la nouvelle petite adresse en vogue, qui combine déco sympa et assiette originale. Ou bien on trouve un restaurant qui colle avec le thème de la journée.

L'après-midi, c'est cours de cuisine, *of course* ! En bonus, vous dégustez le fruit de vos efforts pour le dîner. Autre option : organisez une épreuve Top Chef chez l'une d'entre vous, autour d'une thématique imposée. Chaque équipe dispose des mêmes ingrédients et doit créer l'assiette la plus belle et la plus savoureuse. Le jury est bien sûr impitoyable, même si c'est la future mariée qui gagne à coup sûr… Toute imitation de Jean-François Piège ou Christian Constant est fortement encouragée.

LE DRESS CODE

Prévoyez un tablier personnalisé (voir p. 95) pour chacune et une toque de chef pour la mariée. En guise d'accessoire, pensez à un rouleau à pâtisserie, que chacune d'entre vous prendra soin de signer avec un feutre alimentaire pour que la future mariée puisse le conserver en souvenir.

LA RECETTE DE CHLOÉ CUISINE

LE CABILLAUD ÉTOILÉ

*

Ne vous fiez pas à son apparente simplicité : ce cabillaud-là a des goûts de luxe et ne s'en laisse pas compter !

*

INGRÉDIENTS POUR 6 PERSONNES

6 dos de cabillaud
Le zeste d'un citron vert
1 dé de gingembre haché
3 cuillerées à soupe de coriandre hachée
2 cuillerées à soupe de graines de sésame
Huile d'olive
1 gousse de vanille
Le jus d'un citron
4 courgettes

Faites mariner les dos de cabillaud dans un plat avec de l'huile d'olive, le zeste de citron vert, le gingembre haché et la coriandre. Réservez au réfrigérateur pendant 1 heure, en remuant régulièrement. Pendant ce temps, confectionnez l'huile à la vanille : coupez la gousse de vanille en deux dans le sens de la longueur, puis grattez les grains. Mélangez les grains et la gousse de vanille avec de l'huile d'olive et le jus de citron. Laissez macérer le plus longtemps possible.

Taillez les courgettes en tagliatelles à l'aide d'un épluche-légumes rasoir. Disposez-les délicatement dans un panier vapeur et faites cuire 5 minutes – les courgettes doivent rester croquantes. Réservez.

Égouttez ensuite les dos de cabillaud en conservant la marinade à part, puis essuyez-les avec de l'essuie-tout et roulez-les dans les graines de sésame. Faites cuire dans une poêle avec de l'huile d'olive à feu vif, 3 minutes de chaque côté, puis baissez le feu et laissez cuire encore quelques minutes. Le poisson est meilleur s'il n'est pas trop cuit et reste nacré à cœur. Salez et poivrez.

Répartissez joliment les légumes vapeur sur les assiettes et arrosez-les de marinade. Disposez le cabillaud et arrosez d'un filet d'huile de vanille.

L'ASTUCE DE CHLOÉ

Parsemez le cabillaud d'une pincée de fleur de sel et ajoutez des lamelles de radis cru pour apporter du croquant.

L'EVJF Indiana Jones

Si votre future mariée est une aventurière en slim noir et boots cloutées, il va lui falloir un peu plus d'action que de fourrer des macarons à la vanille. Oubliez le programme 100 % girly et accrochez-vous. Ça va swinguer !

LES ACTIVITÉS

Le matin, on se met toutes en jambes, au sens propre, avec une promenade à vélo, accompagnées d'un guide pour vous faire découvrir les coins insolites et méconnus de votre ville.

Pour le déjeuner, direction le quartier (ou le restaurant, selon ce que vous avez sous la main) chinois, coréen ou indien, pour mettre votre James Bond girl à l'épreuve. Son défi : ne prendre que des plats qu'elle ne connaît pas et tout goûter. Oui, tout, même les jeunes crabes en mue – essayez, c'est délicieux avec un peu d'ail et de persil !

L'après-midi, on s'envoie en l'air, c'est-à-dire en apesanteur (enfin voyons, à quoi pensiez-vous ?), sur un trampoline géant, en saut à l'élastique ou encore en saut en parachute pour les plus aventureuses. Autre option : vous jeter à l'eau en embarquant pour une descente en rafting, en canyoning ou en canoë-kayak. Si les idées précédentes vous donnent envie de rentrer sous terre… eh bien, faites-le et partez pour une visite des mythiques catacombes de Paris.

Le soir, histoire de vous remettre de vos émotions, une séance visionnage de son film d'action préféré devrait suffire à vous endormir.

LE DRESS CODE

James Bond girl en slim noir et top sexy, ou encore aventurière en veste militaire, panama et bottes de cuir : à vous de voir. L'accessoire indispensable : les lunettes de soleil de style Ray-Ban®, parfaites pour un look sporty chic.

LA RECETTE DE CHLOÉ CUISINE

LES ALL BLACK BUNS

✱

Mais oui, parce qu'on peut être une fille et aimer le rugby, avoir un diplôme en manucure et manier la perceuse comme personne, ou encore être directrice marketing le jour, et bassiste dans un groupe de heavy metal la nuit.

✱

INGRÉDIENTS POUR 6 BUNS

6 buns à l'encre de seiche*
6 tranches de saumon fumé
200 g de betterave crue
1 cuillerée à soupe d'huile d'olive
6 cuillerées à soupe de crème fraîche
Le zeste d'un citron
1 cuillerée à café de raifort
Un brin de ciboulette
Une poignée de mâche
Sel et poivre

*(sur commande auprès de votre boulangerie ou chez Gontran Cherrier, www.gontran-cherrier.com)

Épluchez la betterave et coupez-la en très fines lamelles à l'aide d'une mandoline. Disposez les lamelles dans un saladier, arrosez d'un trait d'huile d'olive. Salez et poivrez. Ciselez la ciboulette. Mélangez la crème fraîche avec la ciboulette, le raifort et le zeste de citron. Salez et poivrez. Coupez les buns en deux. Tartinez les deux faces de chaque bun de cette crème.

Sur chaque base, disposez une tranche de saumon fumé, recouvrez de lamelles de betteraves marinées et d'une petite poignée de mâche, puis fermez le sandwich en appuyant légèrement. Vous pouvez maintenant croquer dedans à pleines dents !

L'ASTUCE DE CHLOÉ

Vous trouverez les betteraves crues sur les marchés sinon remplacez-les par des cuites sous vide. Remplacez les buns à l'encre de seiche par des bagels ou des pains au lait. Pensez à d'autres associations : buns au curry + bresaola + oignons confits + gouda + roquette…

L'EVJF Cendrillon

Votre copine rêve de sa robe de mariée depuis son âge le plus tendre, elle connaît les répliques de *La Belle au bois dormant* par cœur et voue un culte au style de Blair Waldorf dans *Gossip Girl* ? Il n'y a pas de doute : même si, pour la forme, elle prétend détester Disneyland, c'est une princesse dans l'âme.

LES ACTIVITÉS

Le matin, attaquez-vous au problème par la racine… des cheveux, avec un atelier *DIY* pour customiser chacune votre diadème – les boutiques de déco pour enfants et les tutoriels en ligne sont vos meilleurs alliés, sinon on en trouve chez Claire's pour très peu cher.

Pour vous ouvrir l'appétit, oubliez le métro et emmenez-la pour une promenade en calèche, histoire de rejouer la scène mythique de *Sex and the City*, où Mr Big emmène Carrie (une vraie princesse moderne) se promener dans les rues de New York. Oubliez le déjeuner (les princesses ne déjeunent pas) et foncez sur le *high tea* dans un hôtel de luxe : un thé royal, agrémenté de petits sandwichs, petits fours, petits gâteaux, bref, de petites choses délicieuses à manger (car les princesses finissent par avoir faim, comme tout le monde).

Pour terminer l'après-midi en beauté, filez digérer vos scones en vous faisant faire une manucure, histoire d'être impeccable pour le cours de valse qui suivra.

LE DRESS CODE

Imitez l'inénarrable Queen Mum et ses tailleurs pastel. En jaune poussin ou en bleu layette, vous serez au top. Autre possibilité : jouez-la décalée, avec une robe de *prom queen* américaine, à dénicher dans un magasin vintage ou chez Asos (www.asos.fr). Les accessoires indispensables : un sac de dadame, votre diadème ou un headband Gatsby.

LA RECETTE DE CHLOÉ CUISINE

LA QUEEN CHARLOTTE

*

Ce n'est pas la reine des pommes, bien au contraire : elle mérite une pâtisserie royale ! Avec sa forme de couronne, la charlotte est le dessert tout indiqué pour achever la nuit en beauté.

*

INGRÉDIENTS POUR 6-8 PERSONNES

250 g de rhubarbe
1 cuillerée à soupe de sucre roux
30 cl de crème fraîche
200 g de fromage blanc
1 cuillerée à soupe de sucre glace
3 brins d'estragon
250 g de fraises
100 g de chocolat blanc
15 biscuits roses de Reims
2 cuillerées à soupe de pistaches hachées
10 fraises

Pelez la rhubarbe et coupez-la en petits cubes. Faites-la compoter avec le sucre roux à couvert et à feu doux pendant 15 minutes. Versez-la dans un chinois (une passoire fine), placé au-dessus d'un récipient. Pressez-la afin d'en extraire le jus. Laissez refroidir.

Fouettez la crème fraîche en chantilly, incorporez le fromage blanc et le sucre glace. Prélevez 100 g de ce mélange crémeux et mélangez-le avec la rhubarbe bien froide (réservez le jus de rhubarbe pour le montage de la charlotte). Ajoutez l'estragon ciselé. Équeutez les fraises et coupez-les en lamelles. Concassez le chocolat blanc en éclats pour apporter du croquant.

Chemisez votre moule à charlotte de film alimentaire, en laissant de la marge pour ensuite refermer la charlotte. Trempez 12 biscuits de Reims brièvement dans le jus de rhubarbe côté rose – le côté sucre glace ne doit pas être imbibé. Tapissez le moule à charlotte de ces biscuits, sans en mettre au fond de votre moule. Disposez joliment des lamelles de fraises en rosace au fond – elles apparaîtront ainsi sur le dessus quand vous démoulerez votre charlotte.

Recouvrez de la moitié de la compote de rhubarbe à l'estragon, puis de la moitié du mélange crémeux. Parsemez d'éclats de chocolat blanc. Répétez cette opération une seconde fois. Terminez par trois biscuits roses. Rabattez le film alimentaire vers l'intérieur pour bien envelopper la charlotte. Pressez délicatement et posez dessus un poids. Mettez la charlotte au réfrigérateur au minimum pendant 3 heures.

Torréfiez les pistaches dans une poêle à feu vif pendant quelques minutes – faites attention qu'elles ne brûlent pas ! Coupez les fraises en deux dans le sens de la longueur, en gardant la queue. Au moment de servir, démoulez délicatement la charlotte et décorez-la de fraises et de pistaches.

L'ASTUCE DE CHLOÉ

Remplacez les biscuits roses de Reims par des biscuits à la cuillère et les fraises par des framboises.

L'EVJF
Beauty Queen

C'est une beautysta dans l'âme : ses placards feraient pâlir d'envie n'importe quelle conseillère Sephora, elle connaît par cœur la liste des ingrédients de chaque crème et sait assortir son rouge à lèvres à ses escarpins ? C'est une journée beauté qu'il lui faut !

LES ACTIVITÉS

Le matin, attaquez en douceur avec une matinée au spa : un massage pour la mariée, hammam et potins pour toutes. N'oubliez pas les indispensables : crème hydratante, shampoing et derniers magazines people en date.

Enchaînez sur un déjeuner sain et léger, spécial ventre plat et belle peau, dans un restaurant bio ou sans gluten.

Ne vous endormez pas sur votre quinoa : un programme chargé vous attend ! Première étape : rendez-vous en institut ou dans une boutique pour un cours de maquillage spécial mariée – mais dont tout le monde profite. Enchaînez avec un « défi échantillons » au Sephora ou dans les parfumeries du coin. Oui, comme quand vous étiez ado : il s'agit de grappiller le plus d'échantillons gratuits possible sans rien acheter. Celle qui en a le plus remporte le challenge !

Terminez la journée de bon poil, en allant vous faire coiffer dans un bar à chignon. Vous êtes toutes belles, c'est le moment de sortir danser !

LE DRESS CODE

Optez pour une tenue loungewear chic pour le spa (joli pantalon loose et t-shirt en coton bio), baskets et jean troué pour la mission échantillons. Les accessoires indispensables : le rouge à lèvres bien rouge et le poudrier pour les retouches.

LA RECETTE DE CHLOÉ CUISINE

LE SMOOTHIE BLUSH

*

Sain, frais et gourmand, le smoothie, c'est le moyen parfait pour commencer la journée en beauté, d'après les stars. On les imite avec ce mix plein de bonnes vitamines, qui vous mettra le rose aux joues !

*

INGRÉDIENTS POUR 6 PERSONNES

1 barquette de framboises
1 barquette de fraises
3 tomates
2 cuillerées à soupe de basilic haché

Lavez les fruits, équeutez les fraises et épépinez les tomates. Puis coupez tous les fruits et les tomates en morceaux. Disposez-les, avec le basilic, dans un mixeur blender et mixez afin d'obtenir un smoothie bien lisse.

Servez dans des masons jars américains (on en trouve à acheter en ligne sur Internet), avec des pailles rayées en papier pour un style rustique, ou dans de grands verres à vin pour une version plus chic.

L'ASTUCE DE CHLOÉ

Voici quelques idées d'associations pour varier les plaisirs et les couleurs : fraises-kiwis-banane-menthe, melon-menthe-amaretto et pêches-abricots-lait d'amande.

L'EVJF Ecologista

Votre future mariée recycle religieusement le moindre pot de yaourt, hurle si vous portez de la fourrure et ne se tartine que de cosmétiques Ecocert ? C'est officiel, votre copine est une greenista avertie. Il va falloir faire bio.

LES ACTIVITÉS

Rien de tel qu'une bonne sortie au grand air pour commencer la journée : sortez de la ville et filez à la campagne pour une session de cueillette à la ferme, en direct chez le producteur. Dégustez vos fraises et vos framboises au soleil.

Pour le déjeuner, une table d'hôte régionale, avec des produits locaux, vous attend. N'enlevez surtout pas la paille de vos cheveux : c'est la petite touche qui fait tout.

L'après-midi, retour à la civilisation, ou presque : vous allez mettre la main à la pâte pour confectionner vos propres cosmétiques (bio, cela va sans dire). Repartez fièrement avec vos créations et n'oubliez pas de les mettre au frais, car ces petites choses ne se conservent jamais très longtemps.

Le soir, c'est un traiteur à domicile qui vient vous faire un cours de cuisine sans gluten – ou tout cuisiner pour vous, si vous êtes trop épuisées par la cueillette du matin. Lâchez tout de suite ce pot de glace industrielle, malheureuse !

LE DRESS CODE

Une marinière en coton bio, made in France. Les accessoires indispensables : une couronne de fleurs (de saison) dans les cheveux et des couverts en bois recyclables sur la table.

LA RECETTE DE CHLOÉ CUISINE

LE GREEN TABOULÉ

*

Oubliez le tofu tristoune, voici le quinoa, marotte culinaire de toute greenista qui se respecte. Avec ses petits légumes de printemps, celui-ci est carrément sexy, même si on n'a pas la bio-attitude innée !

*

INGRÉDIENTS POUR 6 PERSONNES

250 g de quinoa
1 courgette
1 botte d'asperges vertes
100 g de petits pois frais écossés
Le jus et le zeste d'un citron
6 cuillerées à soupe d'huile d'olive
5 cuillerées à soupe de coriandre ciselée
3 cuillerées à soupe de graines de courge
Sel et poivre

Faites bouillir de l'eau salée (deux fois le volume de quinoa), versez le quinoa et laissez cuire à couvert pendant 10 minutes à feu doux. L'eau doit être totalement absorbée par le quinoa. Laissez refroidir dans un saladier.

Émincez la courgette en julienne et faites-la blanchir 1 minute dans l'eau bouillante. Détaillez les asperges en tronçons de 1 cm de long environ, en enlevant la partie dure au bout. Faites cuire 10 minutes à l'eau bouillante, en même temps que les petits pois. Les légumes doivent rester fermes et croquants. Arrêtez la cuisson en les passant sous l'eau froide, pour qu'ils gardent leur belle couleur verte.

Mélangez le quinoa avec les légumes, le jus et le zeste de citron, l'huile d'olive et la coriandre. N'hésitez pas à ajouter plus de citron ou d'herbes, selon vos goûts. Vous pouvez aussi remplacer la coriandre par de la menthe. Salez et poivrez.

Réservez au frais. Assaisonnez au dernier moment, sinon les légumes vont rendre trop d'eau. Juste avant de servir, parsemez le taboulé de graines de courge.

L'ASTUCE DE CHLOÉ

Remplacez le quinoa par du sarrasin, du millet ou de l'épeautre. Accompagnez le taboulé de pesto de roquette.

L'EVJF
Over the rainbow

Votre amie adore les comédies romantiques, mais peut passer des heures à jouer à WOW (*World of Warcraft* pour les intimes). Elle est toujours manucurée jusqu'au bout des ongles, mais son langage en voiture ferait pâlir un conducteur de taxi turc. Bref, elle est pétrie de contradictions et donc parfaitement normale. Pourquoi ne pas décliner ses activités autour d'un joli thème coloré ?

LES ACTIVITÉS

N'importe lesquelles conviennent, pourvu que vous suiviez le dress code décrit plus loin (ah, il est facile à suivre ce thème-là, hein ?). Voici quand même quelques suggestions….

Le matin, démarrez la journée avec LE blind-test ultime, celui qui consiste à déterminer si tous les Dragibus® ont le même goût. Bandez-vous les yeux, chacune avec un petit paquet et une arbitre. C'est parti ! Celle qui détermine le plus de couleurs l'emporte.

Pour déjeuner, comme vous serez saturées de sucre, tournez-vous vers le salé, avec un trio blanc-rouge-vert : mozzarella-tomates-basilic. Encore mieux : si c'est dans un bar à mozza (oui, ça existe), vous pourrez la déguster sous toutes ses formes.

L'après-midi, c'est le moment de prévoir votre séance photo. Avec vos tenues colorées, un mur de graffitis ou une belle façade colorée seront du plus bel effet. N'oubliez pas les confettis à jeter autour de vous pour de superbes photos.

À la fin de la journée, tout le monde enfile un t-shirt blanc pour une bataille de couleurs à la mode indienne – demandez au bazar indien le plus proche où trouver ces poudres colorées qui font tout le charme de la Holi (ou « fête des couleurs »).

LE DRESS CODE

Chacune choisit une couleur différente et s'habille entièrement dedans, façon *color block*. Seul le noir est interdit. Les accessoires indispensables : des Ray-Bans® de toutes les couleurs, des ballons gonflés à l'hélium aux couleurs de l'arc-en-ciel, des petits poneys et un *rainbow* cake. Oui, tout ça !

LA RECETTE DE CHLOÉ CUISINE

LES VERRINES ARC-EN-CIEL

*

*Bon, vous pourriez vous lancer dans
la confection d'un rainbow cake multicolore…
mais honnêtement, c'est plus joli que bon,
et ça prend des heures.
Avec ces verrines minute, vous allez
vous régaler en couleur !*

*

INGRÉDIENTS POUR 6 PERSONNES

150 g de petits pois al dente
1 cuillerée à soupe d'huile d'olive
100 g de fromage blanc
200 g de chèvre frais
3 cuillerées de menthe ciselée
5 radis roses
Sel et poivre

Assaisonnez les petits pois d'huile d'olive, de sel et de poivre. Fouettez le fromage blanc avec le chèvre frais et la menthe. Salez et poivrez. Mettez le mélange dans une poche à douille.

À l'aide d'une mandoline, coupez des lamelles de radis. Répartissez la crème de chèvre au fond des verrines, puis ajoutez les petits pois. Décorez des lamelles de radis.

L'ASTUCE DE CHLOÉ

Remplacez le fromage blanc par de la crème fouettée et le chèvre frais par de la brousse.

CONCLUSION

Normalement, vous êtes maintenant parée pour les enterrements de vie de jeune fille des 20 prochaines années – bravo, vous pouvez être fière de vous ! Le seul risque, c'est que toutes vos copines se tournent vers vous pour les suivants…

ET LES ADRESSES ?

Vous proposer ici un carnet d'adresses de tout ce qui existe autour des enterrements de vie de jeune fille aurait été mission impossible, et aurait été bien vite obsolète, mais n'hésitez pas à consulter également la section EVJF du Carnet d'Adresses de mon blog (www.lafianceedupanda.com), qui est régulièrement mise à jour.

CRÉDITS PHOTOS

4-5	Laurence REVOL
6	Laurence REVOL (haut) et Margot MOUCHON (bas)
7	Margot MOUCHON (haut et bas)
10-11	Laurence REVOL
14-15	Emmanuelle HOARAU
18-19	Laurence REVOL
22-23	Laurence REVOL
24-25	Jennifer SATH
26-27	Laurent BECOT-RUIZ
28	Margot MOUCHON
32-33	Laurent BECOT-RUIZ
34-35	David ELISABETH
36-37	Laurence REVOL
38	Margot MOUCHON (gauche) et Jennifer SATH (droite)
39	David ELISABETH (gauche) et Emmanuelle HOARAU (droite)
43	Margot MOUCHON
46	Laurence REVOL
51	Martin CONDOMINES
55	Margot MOUCHON
60-61	Margot MOUCHON
62	Laurence REVOL
64	Vincent NAGEOTTE
66	Laurent BECOT-RUIZ
68	Laurent BECOT-RUIZ
70	Vincent NAGEOTTE
72	Laurent BECOT-RUIZ
74	Laurent BECOT-RUIZ
76-77	Laurence REVOL
78	David ELISABETH
80	Laurence REVOL
82	Laurence REVOL
84-85	Laurent BECOT-RUIZ
86-87	Martin CONDOMINES
88	Margot MOUCHON
90-91	Laurent BECOT-RUIZ
92-93	Emmanuelle HOARAU
94	Laurent BECOT-RUIZ
96	Emmanuelle HOARAU
100-101	Margot MOUCHON
102	Laurence REVOL
106	Laurence REVOL
110	Margot MOUCHON
114	Margot MOUCHON
118	Jennifer SATH
122	Jennifer SATH
126-127	Martin CONDOMINES

Pour Epouse-moi cocotte

MERCI

Toute ma gratitude va à mon éditrice Anne, pour m'avoir fait confiance sur ce projet.

Un grand merci également à Anouch et Laurence d'*Epouse-moi cocotte*, pour avoir travaillé avec moi sur ce projet. Le livre ne serait pas le même sans leurs superbes photos. Merci également à Jean-Baptiste, mon super graphiste et ami, sans qui ce livre serait peut-être le même, mais alors en franchement beaucoup moins beau. Je remercie également Chloé, dont les savoureuses recettes m'ont alléché pendant la rédaction de ce livre.

Un immense merci à mon mari Raphaël de m'avoir supportée tout au long de la rédaction de ce livre, jusque dans la dernière ligne droite – surtout dans la dernière ligne droite, en fait.

Merci à toutes mes copines qui se sont mariées aux cours des dernières années, et dont les EVJF m'ont beaucoup inspirée et appris : Marion, Chine, Lauréline, Hélène.

Merci à mes copines, qui m'ont organisé un super-EVJF avant mon mariage. Les filles, je vous tire mon chapeau : c'est une sacrée mission !

Un merci géant à tous les lecteurs de *La Fiancée du Panda*, sans qui ce livre n'aurait pas existé et sans qui ma vie ne serait tout simplement pas la même. Panda love !

Et enfin, merci à toi lectrice, qui a lu ce livre jusqu'au bout, remerciements inclus. J'espère qu'il t'aura aidée !

61, boulevard Saint-Germain
75240 Paris cedex 05
www.editions-eyrolles.com

ISBN : 978-2-212-14224-2

Conception graphique : cestlundi.net

Imprimé en Slovénie par GPS Group
N° d'éditeur : 9484
Dépôt légal : janvier 2016

Cet ouvrage est imprimé sur du papier Garda mat 150 g,
papier issu de forêts gérées durablement.